LA

VOIE PRÉNESTINE

NOTES DE VOYAGE

PAR

M. L'ABBÉ HAUTIN

VICAIRE GÉNÉRAL D'ORLÉANS

MEMBRE DE L'ACADÉMIE DE SAINTE-CROIX

ORLÉANS

IMPRIMERIE PAUL COLAS

VIS-A-VIS DU MUSÉE

1884

EXTRAIT DU TOME V

DES LECTURES ET MÉMOIRES

DE L'ACADÉMIE DE SAINTE-CROIX

LA VOIE PRÉNESTINE

NOTES DE VOYAGE

MONSEIGNEUR (1), MESSIEURS,

En prenant place aujourd'hui dans vos rangs, honneur dont je suis redevable à votre seule bienveillance, il m'est doux d'évoquer tout d'abord la mémoire du grand Évêque qui fut pour vous un autre Richelieu.

Si je l'ai bien saisi, le dessein de Mgr Dupanloup, en fondant votre Compagnie, il y a bientôt vingt ans, a été de créer dans cette ville une nouvelle société littéraire, d'où ne serait bannie aucune des productions de l'esprit, pourvu qu'elle se rattachât par quelque lien à la religion. De là votre devise : *Christianæ veritatis et litterarum concordia*, qui traduit si bien l'une des plus nobles aspirations de cette âme apostolique.

Établie sur une telle base, l'Académie de Sainte-Croix pouvait vivre d'une vie propre, à côté de plusieurs autres sociétés déjà florissantes. De fait, comme toutes les institutions de Mgr Dupanloup, elle conquit rapidement une notoriété, qui ne fut pas sans gloire.

(1) Mgr Coullié, Président d'honneur de l'Académie de Sainte-Croix.

J'en prends à témoin, Messieurs, les quatre volumes de *Lectures et Mémoires* que vous avez publiés. Ils sont la preuve de votre vitalité, en même temps qu'ils font honneur au puissant esprit qui a conçu et constitué votre Académie. Allumer partout la flamme ne suffisait pas à son ambition ; il s'était fait un devoir de la raviver sans cesse dans les intelligences et dans les cœurs. La flamme, c'est-à-dire ce qui éclaire et consume tout ensemble : *ardens et lucens ;* et lui-même, flamme ardente et brillante, semblait pressé de réaliser dans sa vie la parole du Maître : *Ignem veni mittere in terram.*

MONSEIGNEUR,

Il vous souvient de l'enthousiasme qu'excitait dans l'âme de ses disciples celui que nous appelions avec autant d'affection que de respect : *Monsieur le Supérieur :* il vous souvient du *feu sacré,* dont il semait à profusion les étincelles dans son jeune auditoire. A ses yeux, science et piété étaient inséparables. Il ne scindait pas l'âme de l'enfant. Il l'élevait en l'instruisant. Il entendait que les dignitaires de ses congrégations fussent, à la fin de l'année, les lauréats les plus acclamés. Ce n'est pas lui qui eût souffert, dans sa maison, que les futurs lévites eussent un rang inférieur parmi leurs rivaux de classe. Il y mettait son orgueil de prêtre : le séminaire mixte ne lui était jamais apparu sous un autre aspect. Qu'est-ce que la piété sans le travail ? nous disait-il ; une illusion et un danger. Pour entretenir une émulation qu'il jugeait si saine, et aussi pour former et épurer le goût littéraire, il avait fondé une Académie, qu'il appela l'Académie de Saint-Nicolas.

Et, puisque j'en suis à évoquer de chers souvenirs, me permettrez-vous de vous rappeler ici, Monseigneur, qu'à une époque déjà lointaine, le 15 janvier 1848 (un beau jour dans ma vie d'écolier !), vous me remîtes vous-même, en qualité de secrétaire de cette Académie, mon premier diplôme d'académicien. Qui m'eût dit alors que je recevrais un jour le second, dans ce palais, et sous vos auspices, et que j'aurais à confondre, dans un même sentiment de reconnaissance, deux dates si éloignées l'une de l'autre : le 15 janvier 1848 et le 25 janvier 1882 ?

MESSIEURS,

Il est ici de tradition qu'en se présentant devant vous pour la première fois, le récipiendaire vous entretienne quelques instants sur un sujet scientifique ou littéraire. Vos règlements laissant au nouvel élu sa liberté entière pour le fond et la forme de cette communication, j'userai de cette latitude, et je soumettrai ce soir à votre indulgente attention quelques notes de voyage, recueillies dans la campagne romaine, au mois de décembre 1881.

La campagne romaine, Messieurs, a pour moi un charme irrésistible. Il ne m'arrive jamais de visiter Rome, sans promener mes pas hors de la ville, sur ces grandes voies qui semblent pleurer, comme les voies de Sion, et porter le deuil de leur gloire passée. Si le poète païen se plaisait à errer sur la voie sacrée, *nescio quid meditans nugarum*, le pèlerin catholique éprouve en ces mêmes lieux, un sentiment plus profond. Dans sa pensée, le silence de ces voies désertes s'harmonise, avec la paix religieuse des Catacombes, où dorment, sous ses pas, des légions de martyrs : zone sacrée qui forme autour de la ville la plus auguste des nécropoles. Il aime aussi à contempler les tombeaux païens le long des voies antiques, monuments grandioses, hautes pyramides, qui debout, parmi tant de débris, semblent éterniser le témoignage de notre néant. — Il se demande quel motif a pu déterminer les Romains à construire leurs tombeaux, non pas dans des cimetières clos comme les nôtres, mais au bord des routes les plus fréquentées. Faut-il voir dans cet usage une simple raison d'économie, le terrain ayant moins de valeur près des chemins qu'au milieu des champs? Faut-il mettre sur le compte de la vanité romaine ce besoin de se produire au grand jour et aux regards de la foule, même après la mort : quelques restes de sculptures et d'inscriptions pompeuses sembleraient autoriser ce sentiment. Peut-être, avec Varron, pourrait-on reconnaître dans cette coutume, si contraire à notre délicatesse, la profonde religion des Romains et leur préoccupation habituelle de la mortalité de l'homme. De là, ces mots qu'on rencontre si souvent dans leurs inscriptions funéraires : *Aspice viator*, *cave viator*, *etc.* Voyageur d'un jour, regarde et prends garde ; demain la mort arrêtera tes pas sur cette route et te couchera près de ceux qui la parcouraient hier avec toi !

Tout plein de ces pensées, je choisis, en décembre dernier, pour but de mon pélerinage solitaire, une voie peu fréquentée du commun des voyageurs : la voie Prénestine. Modeste portion du grand ossuaire romain, la voie Prénestine est loin d'offrir à nos regards les ruines imposantes des sépulcres qui bordent la voie Appienne, surnommée la *Reine des Voies* (Stace, Silv. II.) Celle-ci la plus ancienne et la plus longue, conduisait de Rome jusqu'à Brindes, en passant par Capoue. La voie Prénestine aboutissait, comme son nom l'indique, à Préneste, ville de l'ancien Latium, aujourd'hui Palestrina, d'où elle venait rejoindre au sud la voie Lavicana.

Je fus déterminé à explorer cette partie des environs de Rome, par la lecture d'un mémoire important du R. P. Bruzza, président de la Société archéologique chrétienne de Rome. Ce mémoire présenté le jour de l'inauguration des séances de l'année 1881-1882, avait pour objet la description d'un tombeau païen, récemment découvert, au deuxième kilomètre de la voie Prénestine, — nous en parlerons tout à l'heure.

Je sortis de Rome par une de ces belles matinées d'hiver qui sont pour l'étranger le perpétuel attrait de l'Italie. Tout près de la *Porte Majeure*, à l'angle des voies Lavicane et Prénestine, j'observai avec intérêt le curieux tombeau dit du *Boulanger*, découvert depuis une trentaine d'années. On y voit figuré, sur des bas-reliefs admirablement conservés, tout ce qui se rapporte à la préparation, à la confection et à la vente du pain. C'est le blason d'un ouvrier enrichi, mais qui n'a pas rougi devant la postérité de l'origine de sa fortune. Voulait-il donner une leçon aux parvenus de l'avenir?

Mais il est temps de s'engager dans la voie Prénestine. Je m'y acheminai lentement, recherchant à droite et à gauche, avec une avidité religieuse, jusqu'au moindre vestige, laissé par les siècles, sur le vieux sol romain. Que ceux-là, qui n'ont pas senti la passion de l'antiquaire, aillent visiter ces régions privilégiées!

A la première borne kilométrique de la route, on rencontre la maison d'un vigneron. Après avoir fait quelques pas dans la cour intérieure, quelle ne fut pas ma surprise de découvrir aussitôt deux inscriptions funéraires de la plus belle épigraphie! La première était gravée sur un marbre blanc servant de margelle au puits. Elle portait ces mots :

TI. CLAUDIO
SABINO

Les lettres D. M. (*Dis manibus*) étaient vraisemblablement engagées dans le mur.

L'autre marbre, servant de seuil à la cave, portait cette épitaphe d'une latinité singulière :

CORNELIA FESTA
HIC SITUS EST

Solécisme flagrant. Mais, de tout temps les solécismes ont abondé en épigraphie. Païens et chrétiens se les permettaient sans scrupule, et nous retrouvons les mêmes licences dans nos cimetières modernes.

Qui ne se rappelle la célèbre inscription relevée par Dom Walter, dans les catacombes romaines : *Suti, pete pro nos, ut salvi simus.* Phrase incorrecte, mais précieuse, puisqu'elle témoigne, quoique en mauvais latin, de l'antiquité du dogme catholique de l'intercession des saints.

A la seconde borne de notre voie, je découvris, à gauche, dans une vigne, une inscription bien plus remarquable que les deux autres. Sur un marbre intact et très apparent, on lit en très beaux caractères ce qui suit :

D. M.
SERVILIAE. PHILTATE
C. C. F. B. M.
VIX. ANN. XXI. MIV
T. FLAVIUS. RHODON.

Que j'eusse voulu, Messieurs, soustraire à la profanation, pour les déposer dans vos archives, les pierres tombales que je viens de vous signaler; j'en emportai du moins l'espoir et je poursuivis ma route.

Parvenu à ce second kilomètre, je m'écartai quelque peu, pour aller visiter l'emplacement dit des *eaux bouillantes* (*acque bollicante*), dans la propriété du prince del Drago, — on venait d'y découvrir tout récemment un tombeau païen creusé dans le tuf à l'instar des *loculi* des catacombes chrétiennes. Il contenait un squelette entier, avec un médaillon et certaines amulettes en terre cuite, symbole d'une superstition dégradante. Le mémoire du P. Bruzza sur ces étranges objets est très approfondi : il jette un nouveau jour sur la croyance des païens, tant de fois contestée, à l'immortalité de l'âme et à la nécessité d'une expiation après cette vie. Comme il n'est pas douteux que M. le commandant de Rossi ne rende compte de ce mémoire dans le prochain fascicule du *Bulletin d'archéologie chrétienne*, je n'en dirai pas davantage.

D'ailleurs les fouilles qui ont mis à nu cet intéressant tombeau, et que j'étudiai de près, me permirent de faire une observation bien autrement émouvante. En effet, à quelques mètres de là, sous les fondations d'une maison en ruine, je remarquai les traces d'une catacombe, en tout semblable à celle des chrétiens : même tuf rougeâtre, granuleux et résistant, même système d'excavation. Je me rappelai que Bosio (*Roma sotterranea*) (1) place dans ce terrain même une catacombe qui n'a pas encore été découverte. Ne serait-ce pas, me disais-je, celle-là même que je foulais sous mes pieds. Ce sol n'a-t-il pas été imprégné du sang des premiers chrétiens ; ne renferme-t-il pas une armée d'élus pieusement endormis dans leur *loculi*, jusqu'au réveil du triomphe éternel ? Qu'il est à regretter que des fouilles, dont le résultat, presque assuré, serait immense, ne se

(1) Traduit en latin par Aminghi. — Paris, 1659.

poursuivent pas! L'art n'y serait pas moins intéressé que la piété, si l'on en juge par les débris de toutes sortes qui jonchent le sol en cet endroit. Ce sont d'abord des fragments de poteries, où l'on devine encore les chefs d'œuvre de l'art antique, depuis l'urne qui renfermait les cendres des esclaves, jusqu'aux vases élégants destinés aux temples et aux palais. Ce sont de petits cubes de verre, détachés des mosaïques, dont la teinte semble aussi vive qu'au premier jour, et enfin des morceaux de marbres précieux de toute provenance ; restes d'un monument somptueux orné de colonnes de marbre et de riches décorations, lequel datait sans aucun doute de la belle époque de Rome païenne.

Je quittai ces ruines si intéressantes *di acque Bollicante*, et je repris la voie Prénestine, ou plutôt la route nouvelle que l'on a creusée à deux mètres au dessous de l'ancienne. En pratiquant cette tranchée, les ingénieurs ont mis à jour plusieurs galeries d'une catacombe dans laquelle on ne peut pénétrer, obstruée qu'elle est de matériaux de toutes sortes. Au-dessus du sol qui la recouvre, on remarque de nombreux débris qui proviennent manifestement d'une basilique chrétienne, élevée, selon l'usage du temps, sur le tombeau des Martyrs. Il en reste tout un pavé de mosaïques parfaitement conservé. Ici encore, me disais-je, que de richesses, et surtout que de reliques enfouies dans ces profondeurs ! Quand sera-t il donné à l'Eglise romaine, de reprendre possession de ces trésors, car son droit de propriété sur les catacombes ne lui a pas encore été contesté. Mais de tels travaux ne peuvent être menés à bonne fin que par une puissance souveraine et il faudra attendre longtemps encore, le jour des restitutions nécessaires (1).

Nous voici arrivés, Messieurs, à notre troisième étape, à trois milles environ des anciennes portes Prénestine et Lavicane, remplacées aujourd'hui par la *Porta Maggiore*. Ici, la scène s'agrandit. Dans ces champs dévastés et stériles, on n'aperçoit plus seulement quelques menus débris, ce sont des ruines imposantes qui frappent le regard du voyageur. Elles sont d'une telle importance, qu'on leur a donné le nom de *Vecchia Roma*, la vieille Rome.

C'est là, en effet, qu'au milieu du IIIe siècle, les Gordiens, sous les ombrages parfumés d'une magni-

(1) Baldetti (*Rome*, 1720), dans ses observations sur les catacombes de Rome, dit avoir visité lui-même, sur la voie Prénestine, les deux catacombes qui se trouvent près des *acque bollicante*; à savoir celle qui a été coupée par la nouvelle route, et celle que recouvrent les ruines d'une maison. Personne depuis n'y a pénétré. La dernière a deux étages. Baldetti en donne le plan, autant qu'il a pu le dessiner, car elle était déjà obstruée en partie. Il croit que cette catacombe est celle de *S. Primitivus*, se fondant sur le passage suivant d'un manuscrit du Vatican, cité par Bosio. *Roma Sotterr. lib.* III, *cap.* 36 : *Primitivum verò tenentes duxerunt in viam Prenestinam... et in eâ capite truncaverunt; corpus verò in Lacum Gavis demerserunt. Beatus vero Excuperantius presbyter collegit corpus ejus et sepelivit in arenaria sub die* XI *kalendar. maiarum.*

Saint Grégoire, pape, l. IV, dialog. c. 26, fait mention d'une église, érigée sur cette même voie Prénestine, en l'honneur de saint Janvier, martyr.

fique villa, menaient une vie tout orientale. C'étaient assurément de très grands personnages, dit M. Ampère, mais ce furent de très petits empereurs. Qu'ils aient été de très petits empereurs, nos souvenirs historiques nous le disent assez. Qu'ils aient été, en même temps, les plus grands personnages de l'Empire par leur luxe et leur magnificence, c'est ce que nous apprennent les annalistes du temps.

D'après Julius Capitolinus, (1) qui écrivait au IVe siècle, les Gordiens issus des Gracques, personnifiaient l'aristocratie romaine de cette époque. Amis des lettres, comme on en peut juger par leur bibliothèque qui contenait 62,000 volumes, ils favorisaient aussi les beaux arts et spécialement l'architecture. Le péristyle de leur villa était formé de deux cents colonnes des marbres les plus rares : le cipolin, le pavonazzetto, le jaune et le rouge antiques. Cette villa comprenait dans son enceinte trois basiliques, et des thermes, qui, à part ceux de Rome, n'avaient point leurs pareils dans le monde entier.

De cette magnificence impériale, il ne reste plus aujourd'hui que trois édifices en ruines. Je voulus les examiner avec soin, marchant à travers les décombres, au milieu de troupeaux de buffles qui paissaient en liberté de maigres herbages.

La première ruine que je rencontrai est celle d'un tombeau de famille. La chambre sépulcrale, d'où l'on a enlevé les urnes funéraires et les marbres, n'offre plus le

(1) *Les Gordiens*, chap. XXXVII.

moindre vestige de sculpture ou de peinture. Impossible d'asseoir une hypothèse quelconque sur ces restes dénudés, devenus le refuge de nuit des animaux errants.

La seconde ruine offre un tout autre intérêt. — C'est un pan de mur cintré, orné de trois niches, dont la destination première n'a pu être encore déterminée. Dans la niche du milieu, on aperçoit, sur un fond rouge, des vestiges d'une image bien détériorée, qui me parut être celle de la Sainte Vierge. Ce qui donne à cette conjecture quelque probabilité, c'est que, sur le stuc décoloré de la niche de gauche, on reconnaît, gravée au poinçon, l'image d'une Vierge, portant sur son bras gauche l'enfant Jésus. La Vierge a le voile abaissé sur le front, suivant l'usage des femmes juives, et le Divin Enfant sourit en regardant sa mère. Au dessous de ce dessin qui ne manque pas de mérite, on lit quelques noms, quelques invocations pieuses et, en caractères très visibles : 1630. Cette date ne serait-elle pas celle de l'esquisse au poinçon, et celle-ci la copie même de la peinture effacée par le temps ? En effet, il faut tenir compte de tout pour reconstituer l'histoire d'un monument, et un archéologue avisé ne doit négliger aucune indication, quelque minime qu'elle puisse paraître d'abord. Ces noms de pèlerins, gravés sur les parois des palais, des tombeaux ou des temples, peuvent apporter une lumière inattendue sur certain faits considérables. Que d'inscriptions de ce genre, dans les Catacombes, nous ont fait connaître des visiteurs célèbres, l'époque de leur séjour à Rome, et jusqu'aux noms des martyrs dont ils étaient venus vénérer les tombeaux, détruits plus tard par les Vandales. On sait l'étude attentive qu'a faite des pierres *graphiques* le savant M. de Rossi et quel parti il en a su tirer pour la description de la Rome souterraine.

Dans la niche de droite du pan de mur qui nous occupe, on lit en très beaux caractères, ces trois mots gravés également au poinçon sur le stuc : *Leone de Leoni*. Quel est ce personnage? L'histoire locale ne fait mention que d'un certain *Léon Arcario*, à qui fut loué en 984, par l'évêque Martin, plus tard abbé de Subiaco, le terrain où se trouve notre ruine et qui s'appelait alors *Fundus St-Andreæ*. D'après l'ouvrage de *Galletti*, *(del Primicero)*, une église aurait été consacrée en ce lieu au culte de Saint-André. Il se pourrait que cette église ait été une dépendance d'une des basiliques Gordiennes, et que la ruine actuelle fût un reste de la chapelle de la Vierge. Simples conjectures dont je vous laisse, Messieurs, apprécier la vraisemblance.

Je m'approchai enfin d'une construction massive en forme de tour à demi-ruinée, connue sous le nom de *Torre dei Schiavi*, Tour des Esclaves.

Dans l'*Empire Romain à Rome,* M. Ampère parle de cette *Tour* avec un dédain profond : « On croit reconnaître dit-il, quelques débris de la villa des Gordiens dans cet amas de ruines connu sous le nom de *Torre dei Schiavi*, bien que l'on n'y puisse retrouver aucun des édifices dont il est parlé dans la description de Capitolin. »

Avec le spirituel écrivain, j'admettrais volontiers que ces ruines ne rappellent nullement le fameux péristyle aux deux cents colonnes, ni les trois basiliques, ni les thermes splendides des Gordiens, mais j'avais, pour m'y arrêter et les étudier, un motif assez intéressant pour l'histoire de l'Église.

En effet, selon moi, cette tour, avec sa crypte, n'a dû être autre chose qu'un vaste mausolée païen, surmonté de son temple, que les propriétaires laissèrent inachevé, et qui servit ensuite à des usages chrétiens. Ce fait n'est pas sans exemple, et il est utile de le constater. Il nous montre les deux sociétés païenne et chrétienne s'unissant et se fondant en quelque sorte jusque dans la mort, après s'être pénétrées l'une l'autre dans leurs mœurs et dans leurs lois.

La *Tour des Esclaves*, puisque tel est son nom (voir Nibby), rappelle assez bien, par son aspect général, l'Église de Sainte Constance, près de Sainte-Agnès, hors les murs.

Le temple, c'est-à-dire, la partie supérieure de l'édifice, est de forme circulaire. Il était revêtu primitivement d'une couche de stuc, dont il reste à peine quelques traces. Le portique regardait la route, ainsi que le prescrit Vitruve. L'entrée de la crypte était du côté opposé ; on pouvait y accéder soit par le dehors, soit par le caveau du portique.

Cette crypte est une chambre sépulcrale, également de forme circulaire ; au centre un énorme pilier rond soutient la voûte. Six niches alternativement circulaires et rectangulaires ont été pratiquées dans le mur. La dimension de ces niches ne permet pas de douter de l'origine païenne du monument ; car elles ne pouvaient contenir que des urnes cinéraires et l'on sait que la combustion des cadavres ne fut jamais en usage parmi les chrétiens. Au dessus de chaque niche on remarque des *luminaria* ou meurtrières assez larges, destinées à laisser passer l'air et la lumière. La disposition de ces meurtrières me fit comprendre parfaitement la légende de sainte Émérentienne. Pendant qu'elle priait, disent les actes de son martyre, au tombeau de Sainte-Agnès, sur la *Via Nomentana*, les païens lui jetèrent des pierres, jusqu'à ce qu'elle eût rendu le dernier soupir. Cette cruelle lapidation ne put se faire qu'à travers les *luminaria*.

La ressemblance qui existe entre notre crypte et celle du temple de Romulus, sur la voie Appienne, permet d'affirmer qu'elle fut destinée comme celle-ci à recevoir les cendres de ses propriétaires, tandis que le temple supérieur devait abriter leurs statues. A Rome, où le respect des morts était un culte, tombeau et temple étaient choses connexes. Il en est encore ainsi de nos jours. N'en voit-on pas un exemple à Saint-Jean-de Latran, dans la chapelle des Corsini, où se trouvent les mausolées de ces nobles romains avec leurs statues, tandis que le caveau contient leurs sarcophages ?

Il me reste à décrire maintenant le Temple de la *Torre dei Schiavi* :

Son diamètre intérieur est de 56 pieds romains (21 m. 38 c.). Il était éclairé par quatre grandes lucarnes ou œils-de-bœuf, dont deux sont encore intactes et une troisième à moitié détruite ; la partie du mur où était percée la quatrième n'existe plus.

Au-dessous de ces ouvertures, j'aperçus une large frise peinte à fresque, formant un demi-cercle au fond du sanctuaire, et, au-dessous de la frise, de grandes niches destinées aux statues, correspondant à celles du caveau. Le temps a presque entièrement effacé cette peinture, mais ce qui en reste est encore pour nous le grand intérêt du monument.

Ce n'est qu'à l'aide d'une bonne lunette et avec une grande application que je pus découvrir le sujet et le plan de cette grande page ; mais combien je fus dédommagé de ma peine !

Je reconnus en effet avec certitude que l'artiste avait représenté là une procession de saints personnages, qui me rappela le chef-d'œuvre de Flandrin, à Saint-Vincent-de-Paul de Paris. Je distinguai à droite et à gauche des hommes debout et en marche vers le centre de l'abside. Au milieu se détachait un personnage assis sur une chaise curule. Regardant plus attentivement, je remarquai que les figures placées au dessus de chaque niche entouraient deux à deux une chaise curule, où était assis un vieillard. Comparant, par le souvenir, ce que j'avais devant les yeux avec la magnifique mosaïque de Saint-Côme et Saint-Damien, qui représente notre Seigneur et les douze apôtres assis sur des chaises curules, il me fut facile de conclure qu'ici le peintre chrétien avait voulu figurer les disciples s'en allant prêcher la foi sur l'ordre des apôtres assis autour du Christ leur maître. Considérant enfin que les chaises curules et la forme antique des vêtements se rapportaient à peu près aux procédés du

IIIe siècle, je conclus en second lieu, que j'étais bien en présence d'un temple païen, encore debout à l'époque des Gordiens, et converti plus tard en église chrétienne, sous l'invocation des douze apôtres et des soixante-douze disciples.

On le voit, cette tour *dei Schiavi*, si délabrée et si dédaignée, mériterait un peu plus d'égards et une étude approfondie. Cette fresque si intéressante, ou du moins le peu qui en reste, devrait être protégée avec soin par les maîtres du jour. Exposée, comme elle l'est, à toutes les injures du temps, elle risque de périr complètement en peu d'années. Pourquoi l'édilité romaine, si prodigue de constructions nouvelles, n'a-t-elle pas à cœur de conserver tous les trésors archéologiques de la ville éternelle. C'est son devoir et ce serait son honneur.

Tels sont, Messieurs, dans leur simplicité, mes notes et mes souvenirs, sur la partie de la voie Prénestine qui avoisine Rome. Sans un violent orage et l'approche de la nuit, j'aurais poursuivi ma route jusqu'à *Ponte Nonno*, construit par les Romains au 9e mille, et peut-être même jusqu'aux ruines trop peu connues de l'antique *Gabies* si célèbre dans l'Histoire Romaine.

Pour rentrer dans Rome, je pris la nouvelle voie, que vient d'ouvrir le gouvernement italien et qui met en communication la via Lavicana et la via Tiburtina. Je remarquai dans l'épaisseur des tranchées de nombreux débris, tels que des parties de voûte et de mosaïque, des stucs aux vives couleurs, des conduits de terre cuite pour la vapeur, qui attestent que la campagne romaine n'a pas toujours été déserte comme elle l'est aujourd'hui, et qu'il y avait autrefois en ces lieux d'élégantes villas. Je saluai avec respect la Catacombe de Saint-Hippolyte, encore ensevelie sous ces ruines, et j'appelai de tous mes vœux l'heure où il sera donné aux Chrétiens d'y redescendre encore pour vénérer les restes de leurs pères dans la foi.

Sous l'empire de ces émotions et de ces regrets, j'allai enfin m'agenouiller dans la Basilique de Saint-Laurent, au pied du tombeau de Pie IX, vénérant dans ce grand Pape un second Damase, qui a plus fait, en vingt ans, pour les Catacombes, que ses prédécesseurs durant trois siècles.

Puissent des jours plus heureux luire bientôt sur la Papauté, afin que l'œuvre tant aimée de Pie IX se poursuive et s'achève pour la gloire de nos Saints Martyrs et l'honneur de notre foi !

ORLÉANS. — IMPRIMERIE PAUL COLAS

www.ingramcontent.com/pod-product-compliance
Lightning Source LLC
LaVergne TN
LVHW020508230826
846091LV00008BA/3404

* 9 7 8 2 0 1 3 6 7 1 5 9 0 *